W0299481

Eric Kincaid

Märchenstunde

Die beliebtesten
Märchen

XENOS

Hänsel und Gretel

Es war einmal ein Holzfäller. Er war sehr arm. Eines Tages sagte er zu seiner Frau: "Was soll nur aus uns werden? Wir sind so arm, daß wir noch nicht einmal unsere Kinder ernähren können."
Seine Frau antwortete: "Wir werden die Kinder mit in den Wald nehmen und sie dort allein lassen. Dann müssen sie für sich selbst sorgen."

Hänsel und Gretel aber lauschten an der Tür. Gretel begann zu weinen. “Was soll aus uns werden?” fragte sie. “Weine nicht”, sagte Hänsel. “Ich werde schon für dich sorgen.”
Als es dunkel wurde,

ging Hänsel in den Garten. Er füllte seine Taschen mit weißen Kieselsteinen. Dann ging er zu Bett.

Am nächsten Tag nahm der Holzfäller die Kinder mit in den Wald. Seine Frau gab ihnen beiden ein Stück Brot. Aber Hänsels Taschen waren voller Kieselsteine. Gretel mußte das Brot in ihre Schürze stecken.

Hänsel blickte immer wieder zum Haus zurück. "Warum siehst du dich immer um?" fragte der Holzfäller. "Ich sehe nach meinem kleinen Kätzchen", sagte Hänsel. Aber in Wirklichkeit ließ er die Kieselsteine einen nach dem anderen auf den Weg fallen.

Als sie tief im Wald waren, zündete der Holzfäller ein Feuer an.
“Setzt euch hier hin und ruht euch aus”, sagte er zu Hänsel und Gretel. “Wenn wir das Holz geschlagen haben, kommen wir zurück und holen euch.”
Hänsel und Gretel warteten und warteten.
Ihr Vater kam nicht.
Schließlich schliefen sie ein.

Als Hänsel und Gretel aufwachten, war es dunkel. Gretel begann zu weinen.
“Weine nicht”, sagte Hänsel. “Sobald der Mond aufgeht, werde ich dich nach Hause bringen.”

Das Mondlicht schien auf die Kieselsteine, die Hänsel auf den Weg hatte fallen lassen.
Sie zeigten ihnen den Weg bis nach Hause.

Einige Tage später belauschten Hänsel und Gretel wieder die bösen Pläne ihrer Stiefmutter. Während sie schlief, wollte Hänsel sich wieder die Taschen mit Kieselsteinen füllen.

Doch die Tür war verschlossen. Er konnte nicht in den Garten gehen. Gretel begann zu weinen.
“Weine nicht”, sagte Hänsel. “Ich werde mir etwas anderes ausdenken.”

Am nächsten Morgen gab die Stiefmutter ihnen beiden ein Stück Brot. Hänsel steckte das Brot in seine Tasche und zerbröckelte es.

“Warum blickst du dich immerfort um?” fragte der Holzfäller.
“Ich sehe nach meiner Taube”, sagte Hänsel. Aber in Wirklichkeit streute er die Brotkrumen auf den Weg.

Wieder wurden die Kinder im Wald allein gelassen.
Der Mond ging auf. Hänsel suchte nach den Brotkrumen. Sie waren nicht mehr da. Die Vögel hatten sie aufgepickt. Nun konnten Hänsel und Gretel den Heimweg nicht mehr finden.
Drei Tage vergingen. Dann sahen sie einen weißen Vogel. “Er will, daß wir ihm folgen”, sagte Hänsel.

Hänsel und Gretel folgten dem Vogel. Er führte sie zu einem Haus, dessen Wände aus Brot gebacken waren. Sein Dach war mit Pfefferkuchen gedeckt, und die Fenster waren aus hellem Zucker.

Hänsel und Gretel waren hungrig. Sie brachen ein Stück vom Haus ab und begannen zu essen.
“Knusper, knusper, knäuschen,
wer knuspert an meinem Häuschen?”
fragte eine Stimme.
Die Kinder antworteten: “Der Wind, der Wind, das himmlische Kind”, und aßen weiter.

Die Tür öffnete sich, und eine alte Frau trat heraus.

Die alte Frau lud sie ein, in ihr Haus zu kommen. Sie gab ihnen zu essen und ließ sie in einem schönen Bett schlafen.
Die Kinder meinten, es wäre eine freundliche Frau.
Doch in Wirklichkeit war sie eine Hexe.
Sie hatte das Pfefferkuchenhaus nur gebaut, um Kinder hereinzulocken und sie aufzuessen.

Die Hexe sperrte Hänsel in einen Stall.
Dieser hatte nur eine Gittertür.
Dann weckte sie Gretel auf.
“Koch etwas für deinen Bruder”, sagte sie.
“Ich will ihn mästen, bevor ich ihn esse.”
Gretel weinte, doch sie mußte tun, was die Hexe ihr befahl.

Hänsel bekam das beste Essen, aber Gretel bekam nichts als Abfall. Jeden Tag mußte Hänsel seinen Finger durch das Gitter stecken. Aber er steckte statt dessen immer ein Knöchlein heraus. Die Hexe konnte nicht gut sehen. Und so sagte sie jeden Tag: “Er ist noch nicht fett genug!”

Eines Tages jedoch wollte die Hexe nicht länger warten.
“Hol Wasser, Gretel, und füll damit den Kessel!” befahl sie.
Als dies getan war, sagte sie: “Nun kriech in den Ofen und sieh nach, ob er gut brennt.”
Die Hexe wollte Gretel in den Ofen stoßen.

Aber Gretel ahnte, was die Hexe tun wollte. “Ich weiß nicht, wie ich in den Ofen hineinkriechen soll”, sagte sie.

“Dumme Gans!” sagte die Hexe. “Ich werde es dir vormachen.” Gretel stand hinter der Hexe. Sie stieß die Hexe in den Ofen und schlug die Tür zu.

Dann befreite sie sofort Hänsel. Sie füllten ihre Taschen mit den Schätzen der Hexe. Dann machten sie sich auf die Suche nach dem Heimweg.
Eine weiße Ente nahm sie ein Stück des Weges mit.

Schließlich kamen sie an eine Stelle im Wald, die sie kannten. Bald schon sahen sie ihr Haus.
Der Holzfäller war überglücklich, sie zu sehen. Er erzählte ihnen, daß ihre Stiefmutter inzwischen gestorben war.

Sie verkauften die Schätze und lebten zu dritt glücklich bis an ihr Lebensende.

All diese Bilder kommen in der Geschichte vor. Kannst du sie wiederfinden?

Holzfäller

Hänsel

Gretel

Kieselsteine

Brot

Vogel

Hexe

Pfefferkuchenhaus

Erzähle die Geschichte zu diesen Bildern mit deinen Worten und male deine eigenen Bilder dazu.

Stadtmaus und Landmaus

Es waren einmal zwei Mäuse.
Die eine Maus lebte in einem Haus mitten in einer Stadt. Sie hieß Stadtmaus.

Die zweite Maus lebte auf dem Land. Ihr Haus lag am Rande eines Feldes. Sie hieß Landmaus.

Die Stadtmaus und die Landmaus trafen sich eines Tages auf einer Hochzeit. Schon bald wurden sie Freunde.

Eines Tages schickte
die Landmaus
einen Brief an die
Stadtmaus.
Darin stand: “Hättest
du Lust, mich auf
dem Land zu
besuchen?”

Die Stadtmaus freute sich. Sie war noch nie auf dem Land gewesen.
Sie packte ihre Tasche und reiste noch am selben

Tag aufs Land. Die Landmaus wartete schon auf sie.
“Bitte komm herein”, sagte die Landmaus.

Die Landmaus zeigte der Stadtmaus ihr Haus. Das dauerte nicht lange, denn ihr Haus war sehr klein.

Die Landmaus liebte ihr kleines Haus. Es war so gemütlich. Die Stadtmaus fand es etwas ZU klein.

Die Landmaus hatte schon etwas zu essen gemacht. Es gab Gerste und Wurzeln. Die Landmaus aß jeden Tag Wurzeln. Wurzeln und Gerste waren das einzige, was sie zu essen hatte. Sie war daran gewöhnt. Es schmeckte ihr.
Der Stadtmaus schmeckte es überhaupt nicht. Sie verzog das Gesicht.

Der Stadtmaus tat die Landmaus leid. Sie würde nicht gerne in so einem kleinen Haus leben. Sie würde nicht gerne jeden Tag Wurzeln essen.
“Komm mit in die Stadt und wohne bei mir”, sagte die Stadtmaus. “Ich will dir zeigen, wie man gut lebt.”

Die Landmaus packte ihre Tasche. Sie verschloß die Haustür. Dann reiste sie mit der Stadtmaus in die Stadt.

Die Landmaus war noch nie in der Stadt gewesen. Es war sehr hektisch dort.
Sie kamen an eine Treppe.
“Was für ein großes Haus”, staunte die Landmaus.
“Hier wohne ich”, sagte die Stadtmaus.
“Komm herein.”

Die Stadtmaus
führte die
Landmaus in die
Speisekammer.
Die Landmaus
machte große Augen.
Sie hatte noch nie
zuvor so viel Essen
auf einem Platz
gesehen. Es gab
Mehl und Hafer-
flocken, Feigen und
Honig und Datteln.

“Bediene dich”, sagte die Stadtmaus.
“Darf ich?” fragte die Landmaus.
“Natürlich darfst du”, sagte die Stadtmaus. “Iß nur, was du möchtest.”
Die Landmaus fand die Datteln schön. Sie hatte noch niemals vorher eine Dattel gesehen. Sie schnupperte daran. Es roch gut.

Die Landmaus knabberte an der Dattel. Es schmeckte ihr. Plötzlich spitzte die Stadtmaus ihre Ohren.

"Schnell!" rief die Stadtmaus. "Es kommt jemand. Wir müssen uns verstecken." Die beiden Mäuse liefen davon und versteckten sich in einem kleinen Loch.

Sie warteten, bis sie wieder herauskommen konnten. Sie warteten ziemlich lange. Die Landmaus fand es nicht schön, sich zu verstecken. Sie wollte lieber die Dattel essen. Schließlich sagte die Stadtmaus, daß sie wieder aus dem Loch herauskommen könnten.

Die Landmaus aß die
Dattel auf.
Dann begann sie, eine
Feige zu essen.
Plötzlich spitzte die
Stadtmaus ihre
Ohren.

“Schnell”, rief die
Stadtmaus. “Wir
müssen uns verstecken.
Es kommt jemand!”

Die beiden Mäuse versteckten sich wieder.
“Passiert das oft?” fragte die Landmaus.
“Oh, immerzu”, sagte die Stadtmaus.
“Du wirst dich bald daran gewöhnen.”

“Ich will mich aber nicht daran gewöhnen”, sagte die Landmaus. “Ich mag es nicht, wenn ich mich verstecken muß, während ich esse. Davon bekomme ich Bauchschmerzen. Ich werde wieder nach Hause gehen.”

Die Landmaus war sehr glücklich, als sie wieder zu Hause war. Sie hatte zwar nur Wurzeln zu essen, aber dafür wurde sie beim Essen nicht gestört.

All diese Bilder kommen in der Geschichte vor. Kannst du sie wiederfinden?

Stadtmaus

Landmaus

Brief

Gerste

Wurzeln

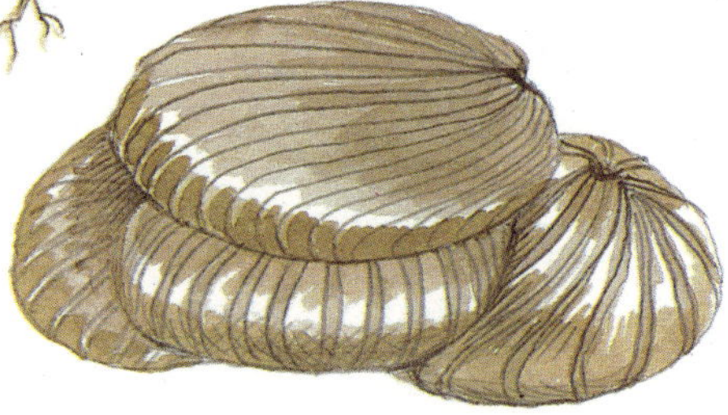

Feigen

Datteln

Mauseloch

Erzähle die Geschichte zu diesen Bildern mit deinen Worten und male deine eigenen Bilder dazu.

Die kleine Meerjungfrau

Der Meereskönig und seine Familie leben in einem Palast auf dem Meeresboden. Fische schwimmen durch die Palasträume. Alle Mitglieder der Königsfamilie haben Schwänze wie die Fische.

Die Töchter des Königs sind die Meerjungfrauen. Sie sammeln Dinge aus versunkenen Schiffen und stellen sie in ihre Gärten. Eine kleine Meerjungfrau hat die Statue eines Jungen in ihrem Garten stehen.

Ihre Großmutter erzählt ihr Geschichten. Die kleine Meerjungfrau mag Geschichten über Menschen.

Wenn Meerjungfrauen erwachsen werden, dürfen sie zur Meeresoberfläche hinauf. Dies ist das erste Mal, daß die kleine Meerjungfrau an der Oberfläche ist. Das Meer glänzt und ist so glatt wie Glas. Sie kann ein Schiff sehen.

Auf dem Schiff ist ein Prinz. Er sieht genauso aus wie die Statue des Jungen in ihrem Garten.

Der Wind wird stärker. Es kommt ein Sturm auf. Es beginnt zu regnen. Das Schiff wird von den Wellen hin und her geworfen. Plötzlich kippt das Schiff um. Es sinkt. Der Prinz wird ins Wasser geschleudert. Er wird ertrinken.

Die kleine Meerjungfrau will nicht, daß der Prinz ertrinkt. Sie legt die Arme um ihn. Sie hält ihn über Wasser. Die Wellen tragen sie zum Ufer. Die kleine Meerjungfrau legt den Prinzen auf den Strand. Seine Augen sind geschlossen, aber er lebt.

Es kommt jemand.
Die kleine Meer-
jungfrau versteckt
sich hinter einem
Stein.
Sie sieht zwei Mädchen.
Die Mädchen erblicken den Prinzen.
Die kleine Meerjungfrau sehen sie nicht.
Sie tragen den Prinzen fort.

Die kleine Meerjungfrau schwimmt wieder nach Hause zum Palast unter dem Meer. Sie sitzt in ihrem Garten und sieht die Statue des Jungen an. Die ganze Zeit denkt sie an den Prinzen.

Ihre Schwestern finden heraus, wo der Prinz wohnt. Sie bringen die kleine Meerjungfrau dorthin.

Die kleine Meerjungfrau sucht die Bucht jede Nacht auf. Sie sieht dem Prinzen zu. Sie kann nicht zu ihm, weil sie nicht gehen kann. Sie hat keine Füße. Jede Nacht ist sie noch trauriger. "Ich will die Hexe bitten, meinen Schwanz in Beine und Füße zu verwandeln", sagt sie. "Vielleicht wird mich der Prinz dann lieben."

“Ich werde dir helfen, wenn du mir deine Stimme dafür gibst”, sagt die Hexe. Die kleine Meerjungfrau singt so gern, aber noch lieber hat sie den Prinzen. “Du mußt sterben, wenn der Prinz eine andere mehr liebt als dich!” warnt die Hexe.

"Bitte tu, um was ich dich bitte", sagt die kleine Meerjungfrau. Die Hexe mixt ihr einen Trank.

Die kleine Meerjungfrau schwimmt an das Ufer, wo der Prinz wohnt. Sie zieht sich auf den Sand. Dann trinkt sie den Trank und verliert das Bewußtsein.

Als die kleine Meerjungfrau die Augen öffnet, steht der Prinz neben ihr. “Wer bist du?” fragt er. “Woher bist du gekommen?”
Doch sie kann ihm nicht antworten, weil sie keine Stimme hat.
Der Prinz führt sie in seinen Palast.
Ihre neuen Füße schmerzen bei jedem Schritt, den sie macht.

Die kleine Meerjungfrau tanzt anmutig. Niemand weiß, wie sehr ihre neuen Füße schmerzen.

Wenn der Prinz ausreitet, nimmt er die kleine Meerjungfrau mit. Nachts schläft sie auf einem Samtkissen vor seiner Tür.

Eines Nachts, als alle schlafen, geht sie ans Meer, um ihre Füße darin zu baden. Ihre Schwestern kommen und sagen ihr, daß sie sie vermissen. Ihr Vater und ihre Großmutter vermissen sie auch. Sie winken ihr aus einiger Entfernung zu.

Der Prinz beginnt, die kleine Meerjungfrau wie eine Schwester zu lieben. Sie ist sehr glücklich. Eines Tages aber befiehlt der König dem Prinzen, eine Prinzessin zu besuchen. Der Prinz will nicht gehen, aber der König sagt, er muß.

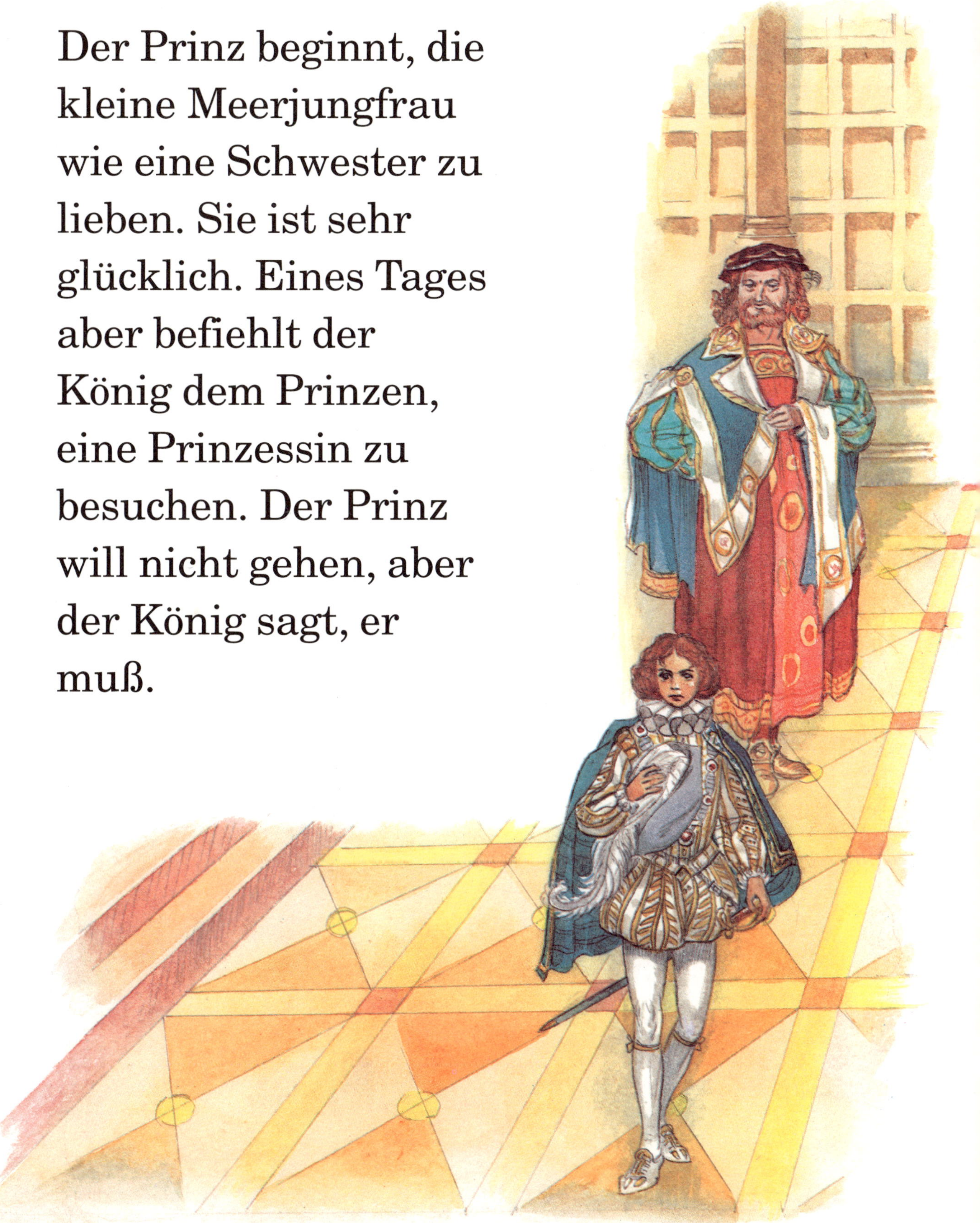

Sobald der Prinz die Prinzessin sieht, will er sie heiraten.
Die kleine Meerjungfrau denkt daran, was die Hexe gesagt hat. Sie ist sehr traurig. Sie weiß, daß sie sterben muß. Am Tag der Hochzeit ist jeder fröhlich, nur die kleine Meerjungfrau nicht.

Nach der Hochzeit gehen sie an Bord eines Schiffes. Die Schwestern der kleinen Meerjungfrau folgen dem Schiff. Sie haben ihr langes Haar abgeschnitten. "Wir können dich retten", rufen sie der kleinen Meerjungfrau zu. "Wir haben der Hexe unser Haar gegeben. Dafür hat sie uns ein Messer gegeben, das den Zauber wieder aufheben wird."

Dann rufen die Schwestern der kleinen Meerjungfrau zu: “Du mußt den Prinzen töten. Sein Blut muß auf deine Füße fallen. Dann werden deine Füße wieder zu einem Schwanz. Du wirst wieder zu einer Meerjungfrau und kannst mit uns in unseren Palast unter dem Meer kommen.”

Die kleine Meerjungfrau betrachtet den schlafenden Prinzen. Sie kann ihm nichts antun. Eher will sie selbst sterben. Die kleine Meerjungfrau wirft das Messer ins Meer. Dann springt sie selbst hinein. Sie verwandelt sich in glitzernden Schaum und wird nie wieder gesehen.

All diese Bilder kommen in der Geschichte vor. Kannst du sie wiederfinden?

Meereskönig

Meerjungfrau

Statue

Schiff

Prinz

Hexe

Messer

Schaum

Erzähle die Geschichte zu diesen Bildern mit deinen Worten und male deine eigenen Bilder dazu.

Aladin und die Wunderlampe

Es war einmal ein Zauberer. Er zog nach China, um nach einer Wunderlampe zu suchen. Die Lampe stand in einer Höhle.

Der Weg in die Höhle führte durch einen Tunnel. Wenn man die Wände des Tunnels berührte, bedeutete das den sicheren Tod.
Der Zauberer wollte die Lampe haben, doch er hatte Angst, durch den Tunnel zu gehen.

“Ich will einen anderen bitten, mir die Lampe zu holen”, sagte der Zauberer.

Er fragte einen Jungen mit Namen Aladin. Der Zauberer verriet Aladin nicht, daß er sterben würde, wenn er die Wände des Tunnels berührte.
Aladin sagte, er würde die Lampe holen.

Aladin war bereit.
Der Zauberer gab ihm einen Ring.
“Trage ihn”, sagte der Zauberer.
“Er wird dich beschützen.”
“Vor was denn?” fragte Aladin.
“Nun... nichts”, sagte der Zauberer.
“Du wirst die Lampe am Ende der Höhle finden.”

Aladin war lange Zeit fort.
"Er wird die Wände des Tunnels berührt haben. Er muß tot sein", sagte der Zauberer. Doch da sah er Aladin zurückkommen.
"Gib mir die Lampe", befahl der Zauberer.
Aladin steckte die Lampe in seinen Ärmel.
"Hilf mir zuerst aus dem Tunnel heraus", sagte er.

“Gib mir die Lampe”, sagte der Zauberer. “Dann werde ich dir aus dem Tunnel helfen.”
Doch Aladin traute dem Zauberer nicht. “Nein!” antwortete er. “Hilf mir erst heraus.”
Der Zauberer wurde wütend.
“Wenn du mir die Lampe nicht geben willst, kannst du für immer hierbleiben!” sagte er.
Dann verschloß er den Eingang des Tunnels durch einen Zauberspruch.

Aladin war gefangen. Er wußte nicht, was er tun sollte. Ohne darüber nachzudenken, rieb er den Ring an seinem Finger.
Eine Rauchwolke erhob sich. Ein Geist erschien.

“Wer bist du? Was willst du?” fragte Aladin.
“Ich bin der Geist des Ringes. Dein Wunsch ist mir Befehl”, sagte der Geist.
“Dann bring mich nach Hause”, bat Aladin.

Plötzlich war Aladin wieder zu Hause. Er wußte nicht, wie er dorthin gekommen war. Die Lampe steckte immer noch in seinem Ärmel. “Wir können sie verkaufen und uns Essen dafür kaufen”, sagte er. “Zuerst will ich sie putzen”, sagte seine Mutter.

Aladins Mutter rieb die Lampe.
Eine Rauchwolke stieg auf. Ein Geist erschien.

Aladins Mutter hatte Angst. Sie schlug die Hände vors Gesicht.
Aladin hatte keine Angst. “Wer bist du?” fragte er.
“Ich bin der Geist der Lampe”, sagte der Geist. “Dein Wunsch ist mir Befehl.”

Der Geist brachte Aladin alles, was er sich wünschte.

Die Zeit verging. Aladin trug feine Kleider. Er lebte in einem Palast und hatte eine Prinzessin zur Frau.

Eines Tages ging Aladin auf die Jagd. Die Prinzessin war allein im Palast.
Sie hörte einen Straßenhändler rufen.
“Tausche neue Lampen gegen alte!” rief er.
‘Ich will Aladins alte Lampe gegen eine neue eintauschen’, dachte die Prinzessin.
Aladin hatte ihr nicht erzählt, daß es eine Wunderlampe war.

Sie nahm die Lampe und gab sie dem Händler. Der Händler hielt die Lampe in seiner Hand. Er warf seinen zerlumpten Mantel ab. Der Händler war in Wirklichkeit der Zauberer.

“Jetzt soll alles, was Aladin besitzt, mir gehören”, rief er und rieb an der Lampe. “Was befiehlst du, Herr?” fragte der Geist der Lampe. “Nimm die Prinzessin, mich, den Palast und alles, was darinnen ist, und trage es nach Afrika”, sagte der Zauberer. Der Geist mußte ihm gehorchen.

Aladin kam nach Hause. Dort, wo der Palast gestanden hatte, war nichts mehr. Aladin ahnte, was geschehen war.
Er rieb den Zauberring.
“Was befiehlst du, Herr?” fragte der Geist des Ringes.
“Bring mir meine Prinzessin und meinen Palast zurück!” sagte Aladin.
“Das kann nur der Geist der Lampe tun, Herr.”
“Dann bring mich zu meiner Prinzessin”, befahl Aladin.

Die Prinzessin war glücklich, Aladin zu sehen.
“Wo ist die Wunderlampe?” fragte Aladin.

“Der Zauberer trägt sie in seinem Ärmel”, antwortete die Prinzessin.
“Streu dieses Puder in seinen Wein”, sagte Aladin. “Davon wird er schlafen.”
Die Prinzessin tat, was Aladin gesagt hatte.

Als der Zauberer schlief, nahm Aladin die Lampe an sich. Die Prinzessin fürchtete, daß der Zauberer aufwachte.
“Bitte sei vorsichtig”, flüsterte sie.

Aladin rieb die Lampe
an seinem Ärmel.
Der Geist erschien.
“Was befiehlst du,
Herr?” fragte der
Geist.
“Trage den Palast und
alle, die darin sind,
zurück nach China.
Aber laß den Zaube-
rer hier in Afrika”,
sagte Aladin.

Der Zauberer erwachte.
"Wo ist der Palast?" fragte er. "Wo ist die Prinzessin?"
Er suchte in seinem Ärmel nach der Wunderlampe. Sie war verschwunden.
Nun mußte er zu Fuß nach China gehen.

Der Zauberer kam niemals zurück nach China. Aladin und seine Prinzessin lebten glücklich bis an ihr Lebensende.

All diese Bilder kommen in der Geschichte vor. Kannst du sie wiederfinden?

Zauberer

Aladin

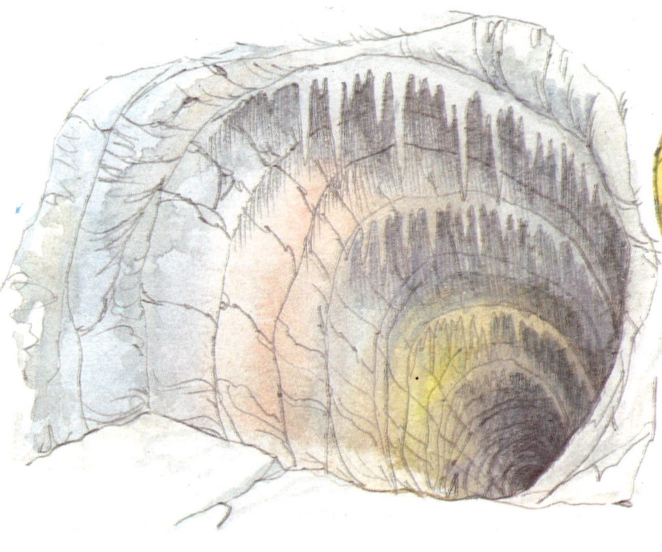

Tunnel

Wunderlampe

Ring

Geist

Prinzessin

Palast

Erzähle die Geschichte zu diesen Bildern mit deinen Worten und male deine eigenen Bilder dazu.

Inhalt

Deutsche Ausgabe:
ISBN 3-8212-1213-6

Copyright © 1995 by XENOS Verlagsgesellschaft mbH

Am Hehsel 40, 22339 Hamburg
Übersetzt aus dem Englischen von Christiane Jung
Satz: Olaf Hille Verlag GmbH, Hamburg
Einbandgestaltung:
Künne + Künne Werbeagentur, Hamburg
Die Originalausgabe erschien 1987 unter dem Titel
"Eric Kincaid's Book of Fairy Tales"
bei Brimax Books Limited
4/5 Studlands Park Ind. Estate,
Newmarket, Suffolk, CB8 7AU

© 1987 Brimax Books Limited
All rights reserved

Printed in Italy

Der Zauberer von Oz

Dorothy lebte bei ihrer Tante Em und ihrem Onkel Henry. Sie hatte einen kleinen Hund, der hieß Toto.
Eines Tages kam ein Wirbelwind auf.
Dorothy und Toto waren allein zu Hause.
Der Wirbelwind trug sie hoch in die Luft.

Das Haus landete im Land der Mümmler. Es fiel genau auf die böse Osthexe und tötete sie.
Die Mümmler waren darüber sehr glücklich. Sie schenkten Dorothy die Zauberschuhe der bösen Osthexe.

“Könnt ihr mir sagen, wie ich wieder nach Hause komme?” fragte Dorothy die Mümmler. Sie schüttelten den Kopf, denn sie kannten den Weg nicht. “Geh in die Smaragdstadt”, sagten sie. “Bitte den Zauberer von Oz, dir zu helfen.” Dorothy zog die Zauberschuhe an und marschierte mit Toto auf dem gelben Klinkerweg davon.

Nach einiger Zeit traf Dorothy eine Vogelscheuche.
“Kann ich mit dir in die Smaragdstadt gehen?” fragte die Vogelscheuche. “Vielleicht kann mir der Zauberer von Oz ein Gehirn geben.”

Am nächsten Tag trafen sie im Wald einen Blechmann.
“Kann ich mit euch gehen?” fragte der Blechmann.
“Vielleicht kann mir der Zauberer von Oz ein Herz geben.”

Ein Löwe sprang aus den Büschen und brüllte. Er versuchte, Toto zu beißen. Dorothy gab dem Löwen eine Ohrfeige. “Wie kannst du nur einen kleinen Hund beißen! Du bist ein Feigling!” rief Dorothy. “Ich weiß”, sagte der Löwe. “Aber was kann ich dafür? Glaubt ihr, der Zauberer von Oz könnte mir etwas Mut geben?”

Sie sprangen über Gräben und überquerten Flüsse. Schließlich kamen sie in das Land von Oz. Sie gingen in die Smaragdstadt. Alles in der Stadt war grün.

Der Zauber von Oz wohnte in einem Palast. Er war ein Hexenmeister. Er konnte sein Aussehen verändern, wie er wollte.

Als Dorothy im Thronsaal angekommen war, konnte sie nur einen riesigen grünen Kopf sehen.
“Ich bin Oz”, sagte eine Stimme. “Wer bist du, und warum hast du mich aufgesucht?”
Dorothy erzählte ihm, daß sie den Weg nach Hause suchte.
“Ich werde dir helfen, wenn du die böse Westhexe tötest”, sagte der Zauberer.

Der Vogelscheuche erschien der Zauberer als eine grüne Frau.

Dem Blechmann erschien der Zauberer als ein wildes Tier.

Dem Löwen erschien er als ein Feuerball.

Der Zauberer gab allen die gleiche Antwort. Er würde ihnen helfen, wenn sie die böse Westhexe töteten.

Die böse Westhexe sah sie kommen. Sie versuchte, sie aufzuhalten.

Der Blechmann tötete die Wölfe.
Die Vogelscheuche fing die Krähen.
Die Bienen brachen sich den Stachel, als sie versuchten, den Blechmann zu stechen.
Die Winkis liefen davon, als der Löwe brüllte.

Die böse Westhexe war wütend. Sie schickte ihnen die wilden fliegenden Affen hinterher. Diese ließen den Blechmann auf die Steine fallen, wo er in Stücke zerbrach. Sie zogen das Stroh aus der Vogelscheuche und sperrten den Löwen in einen Käfig.

Die fliegenden Affen brachten Dorothy und Toto zur Burg der bösen Hexe.
Die Hexe erblickte Dorothys Schuhe und begann zu zittern.
Die böse Hexe trat Toto. Daraufhin wurde Dorothy sehr wütend.

Sie nahm einen Wassereimer und goß das Wasser über die Hexe.
Als Dorothy hinsah, begann die Hexe auf einmal zu schrumpfen und zerfiel. Nichts als eine Pfütze blieb von ihr übrig. Die böse Westhexe war tot.

Dorothy befreite den Löwen aus dem Käfig. Die Winkis halfen dabei, die Vogelscheuche wieder mit Stroh zu füllen. Dann halfen sie, den Blechmann zusammenzusetzen.

Als sie zum Palast zurückkehrten, war der Thronsaal leer. Der Löwe brüllte und stieß einen Wandschirm um. Dahinter hatte sich ein kleiner Mann versteckt. Es war der Zauberer.
“In Wirklichkeit bin ich gar kein Zauberer”, sagte er.
“Die Leute denken das nur, weil ich ein paar Tricks beherrsche. Aber ich werde euch helfen, wenn ich kann.”

Der Zauberer füllte
den Kopf der Vogel-
scheuche mit lauter
spitzen Dingen wie
Stecknadeln und
Nähnadeln.
"Jetzt hast du ein
Gehirn", sagte er.

Er nahm ein rotes
Herz aus Seide, das
mit Sägemehl gefüllt
war, und steckte es
in den Blechmann.

Dann gab er dem
Löwen ein Getränk,
das ihm Mut
machen würde.

Er baute einen Ballon für Dorothy und Toto, damit sie nach Hause fliegen konnten. Doch der Ballon hob ab, bevor Dorothy fertig war. So flog er ohne sie davon.

Die gute Südhexe kam, um Dorothy zu helfen.
“Schlag dreimal deine Fersen zusammen und sage den Zauberschuhen, wohin du gehen willst”, sagte sie.

Die gutc Südhexe machte die Vogelscheuche zum Herrscher über die Smaragdstadt. Sie machte den Blechmann zum Herrscher über die Winkis. Und sie machte den Löwen zum König des Waldes. Dorothy und Toto zogen nach Hause zu Tante Em und Onkel Henry.

Aschenputtel

Aschenputtel wohnte in einem großen Haus. Sie hatte immer viel zu tun, denn ihre beiden Stiefschwestern ließen sie hart arbeiten.

"Aschenputtel! Feg den Boden!"

"Aschenputtel! Wasch das Geschirr ab!"

"Mach die Betten!"

"Putz die Fenster!"

Aschenputtel hatte niemals Ruhe.

Ihre Stiefschwestern verbrachten den halben Tag damit, Aschenputtel zu sagen, was sie tun sollte.
Die andere Hälfte des Tages verbrachten sie damit, sich herauszuputzen.
“Aschenputtel!
Bürste mir die Haare!”
“Aschenputtel!
Binde mir meine
Schleife!”

“Pudere mir die Nase!”
“Mach mir die Knöpfe zu!”

Eines Tages kam ein Brief.
“Im Schloß wird ein Ball gegeben. Wir sind eingeladen!” riefen die Stiefschwestern.
“Bin ich auch eingeladen?” fragte Aschenputtel.
“Selbst wenn du es wärst, könntest du nicht gehen”, sagten die Stiefschwestern.
“Du wirst zu beschäftigt damit sein, uns bei der Garderobe zu helfen.”

Der Tag des Balls war gekommen. Die Stiefschwestern luden Aschenputtel viel Arbeit auf. Es gab so viel zu tun, daß das arme Aschenputtel gar nicht wußte, was es zuerst tun sollte.

Schließlich waren die Stiefschwestern fort, und im Haus war es still. Aschenputtel saß am Feuer und begann zu weinen.
“Wenn ich doch auch auf den Ball gehen könnte”, schluchzte sie.

“Du WIRST auf den
Ball gehen”, sagte
eine Stimme hinter
ihr.
Aschenputtel
sprang überrascht
auf.
Sie dachte, sie wäre
allein im Haus.
“Wer... wer bist du?”
fragte sie erstaunt.
“Ich bin deine Patin,
die Fee”, sagte dic
Fremde.
“Ich bin gekommen,
um dich für den
Ball schön zu
machen.”

“Bring mir einen Kürbis”, sagte die Fee. Dann verwandelte sie den Kürbis in eine Kutsche.

“Bring mir vier weiße Mäuse”, sagte die Fee. Dann verwandelte sie die Mäuse in vier weiße Pferde.

“Bring mir drei Eidechsen”, sagte die Fee. Und aus den Eidechsen wurden ein Kutscher und zwei Diener.

“Ich kann nicht in Lumpen auf den Ball gehen”, seufzte Aschenputtel traurig.

Noch einmal schwenkte die Fee ihren Zauberstab.
Da verwandelten sich Aschenputtels Lumpen in ein wunderschönes Ballkleid.
An ihren Füßen trug sie zierliche Pantoffeln aus Glas.
“Jetzt kannst du auf den Ball gehen”, sagte die Fee.

“Doch vorher muß ich dich warnen. Du mußt den Ball vor Mitternacht verlassen. Um zwölf Uhr wird alles wieder zurückverwandelt.”
“Ich werde daran denken”, sagte Aschenputtel. “Vielen Dank, liebe Fee.”

Aschenputtel tanzte den ganzen Abend mit dem Prinzen. Ihre Stiefschwestern sahen sie, ohne sie zu erkennen. Sie hielten sie für eine Prinzessin.

Aschenputtel
war so glücklich,
daß sie die
Warnung der
Fee vergaß.
Da begann die
Palastuhr,
Mitternacht zu
schlagen. Eins...
zwei... drei...
“Ich muß gehen!”
rief Aschenputtel,
und sie licf aus
dem Palast.

“Halt! Halt!” rief der Prinz.
Doch Aschenputtel hörte ihn nicht. Als sie die Stufen der Palasttreppe hinunterlief, verlor sie einen ihrer Glaspantoffeln.
... zehn... elf... ZWÖLF!!!

Das schöne Ballkleid verwandelte sich in Lumpen. Die Kutsche verwandelte sich in einen Kürbis.

Die Mäuse und die
Eidechsen liefen
davon.
Der Prinz fand den
Glaspantoffel auf
den Stufen.
Er rief
einen
Diener.

"Nimm diesen Pantoffel und finde seinen Besitzer. Ich will das Mädchen heiraten, dem dieser Schuh paßt."

Der Diener reiste mit dem Schuh durch das ganze Königreich. Doch niemandem paßte er. Schließlich kam er auch zu dem Haus, in dem Aschenputtel lebte.

"Laßt es mich versuchen!" sagte die eine Stiefschwester. Sie riß dem Diener den Schuh aus der Hand.

"Seht!" rief sie. "Er paßt!"

“Nein, er paßt nicht!” rief die andere Stiefschwester. “Deine Ferse guckt ja noch heraus. Gib ihn mir!” Und sie griff nach dem Schuh.

Auch ihr paßte der Schuh nicht, obwohl sie so tat, als paßte er.
“Gibt es noch jemanden im Haus, der den Pantoffel anprobieren könnte?” fragte der Diener.
“Nein!” sagten beide Stiefschwestern wie aus einem Mund.
“Doch”, sagte ihr Vater. “Aschenputtel hat ihn noch nicht anprobiert.”

“Der Prinz würde SIE doch niemals heiraten!” lachten die Stiefschwestern. “Der Prinz hat befohlen, daß jeder den Pantoffel anprobieren soll”, sagte der Diener. Und der Schuh paßte Aschenputtel wie angegossen!

Ihr Stiefschwestern fielen vor Überraschung in Ohnmacht.

Die Stiefschwestern sahen immer noch überrascht aus, als der Prinz und Aschenputtel schließlich heirateten.

All diese Bilder kommen in der Geschichte vor. Kannst du sie wiederfinden?”

Aschenputtel

Stiefschwestern

Brief

Fee

Kutsche

Kürbis

Glaspantoffel

Prinz

Erzähle die Geschichte zu diesen Bildern mit deinen Worten und male deine eigenen Bilder dazu.

Pinocchio

Der alte Geppetto schnitzte ein Puppe. Aber als er in das Holz schnitt, hörte er eine Stimme. “Bitte, tu mir nicht weh”, sagte sie. Geppetto sah sich um. Er konnte niemanden sehen, und so fuhr er mit seiner Arbeit fort.

Als er die Augen der Puppe geschnitzt hatte, bewegten sie sich. Als er den Mund schnitzte, lachte er. Als er die Füße machte, da zappelten sie.
“Du bist wie ein richtiger Junge”, sagte Geppetto.
Er nannte die Puppe Pinocchio.

Geppetto brachte
Pinocchio das
Gehen bei.

Der ungezogene Pinocchio lief Geppetto davon. Geppetto rannte ihm nach. Weil Geppetto Pinocchio so drohte, hielt ein Polizist ihn für einen bösen Mann und nahm ihn mit auf die Polizeiwache.

Pinocchio ging nach Hausc. Er war sehr zufrieden mit sich.

“Jungen, die davonlaufen, wird es später leid tun”, sagte eine Grille.

Pinocchio warf einen Hammer nach der Grille.

“Ich beachte dich gar nicht”, antwortete er.

Pinocchio ging hinaus in den Regen, um etwas zu essen zu finden. Doch niemand wollte ihm etwas geben. Hungrig ging er zurück nach Hause. Er setzte sich an das Feuer und schlief ein.

Geppetto klopfte an die Tür. Pinocchio stand auf, um die Tür zu öffnen. Da fiel er auf die Erde. “Das Feuer hat mir meine Füße abgebrannt!” rief er.

Geppetto stieg
durch das Fenster
ins Haus.
“Mach dir nur
keine Sorgen,
Pinocchio”, sagte
Geppetto.
“Ich werde dir
neue Füße
machen. Aber
erstmal wollen
wir etwas essen.”

Pinocchio war mit seinen neuen Füßen sehr zufrieden.
“Ich werde zur Schule gehen, damit du stolz auf mich sein kannst”, sagte er zu Geppetto.
“Aber ich brauche eine Lesefibel.”
Geppetto verkaufte seinen Mantel, um die Fibel zu besorgen.

Auf dem Schulweg kam Pinocchio an einem Marionettentheater vorbei. Er verkaufte seine Fibel und bezahlte den Eintritt. Er vergaß die Schule. Er blieb den ganzen Tag und die ganze Nacht.

Der Puppenspieler gab ihm fünf Goldstücke, die er mit nach Hause nehmen sollte.

Auf dem Heimweg traf Pinocchio einen Fuchs und eine Katze. Der Fuchs tat so, als würde er hinken. Die Katze tat so, als wäre sie blind. Sie versuchten, Pinocchio die Goldstücke zu entwenden. Doch Pinocchio lief ihnen davon.

Der Fuchs und die Katze verfolgten ihn. Schließlich fingen sie ihn und fesselten ihn an einen Baum.

Er wurde von einer Fee gerettet. Sie nahm ihn mit nach Hause.
“Was ist passiert?” fragte sie.

Pinocchio begann, die Wahrheit zu erzählen, doch dann sagte er, er hätte die fünf Goldstücke verloren. Aber er hatte sie nicht verloren. Sie waren in seiner Tasche. Da begann seine Nase zu wachsen.

Seine Nase wuchs, weil er log.

Seine Nase wurde sehr lang. Er konnte damit nicht mehr durch die Tür gehen.

Schließlich hatte die Fee Mitleid mit ihm. Sie rief einige Spechte. Die Spechte pickten seine Nase wieder auf die richtige Länge zurück.

Pinocchio wollte Geppetto wiedersehen. “Ich werde nach Hause gehen”, sagte Pinocchio. Auf dem Heimweg traf er den Fuchs und die Katze. Diesmal stahlen sie ihm das Geld. Pinocchio erzählte die Geschichte einem Polizisten. Doch der Polizist glaubte Pinocchio nicht und steckte ihn ins Gefängnis.

Lange Zeit später kam Pinocchio aus dem Gefängnis. Wieder suchte er nach Geppetto. Und Geppetto suchte nach Pinocchio. Er fuhr mit einem Boot auf dem Meer.

Pinocchio ging zum Strand. Dort sah er, wie Geppettos Boot von den Wellen hin und her geschleudert wurde. Er schwamm zu ihm, um ihm zu helfen.

Pinocchio traf im Meer einen Delphin.
“Geppetto ist von einem Meeresungeheuer verschlungen worden”, erzählte der Delphin.
Pinocchio schwamm traurig weiter.
Er erreichte eine Insel und traf die Fee.
“Ich will keine Puppe mehr sein”, sagte Pinocchio. “Ich will ein richtiger Junge sein.”
“Du kannst ein Junge werden, wenn du brav bist”, sagte die Fee. “Erstmal mußt du zur Schule gehen.”

Pinocchio bemühte sich, brav zu sein, aber es war zu schwierig. Er lief mit ein paar ungezogenen Jungen davon in das Spielzeugland.
Im Spielzeugland waren sie so faul, daß sie schon bald in Esel verwandelt wurden.
Pinocchio wurde an einen Zirkus verkauft.
In der Manege fiel Pinocchio hin und verletzte sich ein Bein.

Man warf ihn ins Meer, um ihn zu ertränken. Doch er verwandelte sich wieder in eine Puppe. Ein Meeresungeheuer verschlang ihn.

Was für eine Überraschung! Dort in dem Fischbauch fand Pinnocchio Geppetto. Sie umarmten sich.

“Wir können entkommen, wenn das Ungeheuer schläft”, sagte Pinocchio. Und sie schwammen aus dem Maul des Ungeheuers heraus.

Von diesem Tag an sorgte Pinocchio für Geppetto. Und schließlich erfüllte die Fee ihm seinen Wunsch. Sie machte ihn zu einem richtigen Jungen.

All diese Bilder kommen in der Geschichte vor. Kannst du sie wiederfinden?

Geppetto

Pinocchio

Fuchs

Katze

Fee

Delphin

Esel

Meeresungeheuer

Erzähle die Geschichte zu diesen Bildern mit deinen Worten und male deine eigenen Bilder dazu.